Löwenzahn

Peter Lustigs Forschertipps

Erde und Wasser

tandem.VERLAG
print line

tivi
ZDF

Impressum

Redaktion:
SoliMedia Productions GmbH:
Nina Evers, Suse Kaupp, Astrid Dennerle
Tandem Verlag GmbH:
Anja Hanten, Lucas Lüdemann
Art Direction & Coverdesign: Jörg Michel
Autorenteam: Astrid Dennerle, Nina Evers, Jeannette Kaupp
Layout: Sven Happel
Illustration: Olga Weber
Coverillustration: Gerhard Schlegel
Grafikassistenz: Nadine Moßler, Torsten Weiß
Fotos der Bastelanleitungen: Alexander Habermehl
Fotoassistenz: Kai Linke
Fotomodelle: Tilman Käschel, Lenny Kaupp
Beratende Mitwirkung: Jan Fuhrmann

Wir danken Martina Arnold und Margrit Lenssen aus der LÖWENZAHN-Redaktion von ZDF tivi für die freundliche Unterstützung

... und besonders **Peter Lustig**!

Printed in EU

ISBN: 3-89731-909-8

Vorwort

ERDE UND WASSER – zum Forschen, Experimentieren und Neugierigsein

Aus Salz selber Kristalle wachsen lassen, ein eigenes Erdbebenmessgerät konstruieren oder einen Vulkan ausbrechen lassen: Mit den faszinierenden „Forschertipps" von Peter Lustig kannst du alles ausprobieren. Auf jeder Seite werden dir die Experimente Schritt für Schritt erklärt. Dann brauchst du noch ein bisschen Neugier, manchmal etwas Geduld und viel Spaß am Tüfteln, dann gelingen dir die Effekte bestimmt.

Und damit du weißt, weshalb es im Glas regnet, wieso man mit Erde malen kann oder warum du aus Sand Wasser gewinnen kannst, gibt es dazu einfache Erklärungen von Peter Lustig.

Außerdem erfährst du zusätzlich viel Neues in den „Wissens-Boxen". Sie verraten dir, wo du überall auf der Welt im Großen findest, was du im Kleinen gerade ausprobiert hast.

Wenn du irgendwann genug getüftelt, erforscht und beobachtet hast, schau doch samstags oder sonntags vormittags mal LÖWENZAHN im ZDF. Hier geht Peter Lustig wieder auf Entdeckungstour und entlockt „Erde und Wasser" neue Geheimnisse.

Jetzt aber erst mal viel Spaß mit den Forschertipps!

Deine

LÖWENZAHN-Redaktion

Inhaltsverzeichnis

Hinweis:
Die in diesem Buch beschriebenen Experimente sind so ausgewählt, dass Kinder sie in der Regel selbstständig durchführen können. Autoren, Redaktion und Verlag weisen jedoch darauf hin, dass sie für eine mögliche unsachgemäße Durchführung und damit verbundene Folgen keine Haftung übernehmen. Die Entscheidung darüber, welche Experimente ihre Kinder selbstständig durchführen dürfen, können selbstverständlich nur die Eltern bzw. Erziehungsberechtigten treffen.

Zeichenerklärung

Wie lange du ungefähr für ein Experiment brauchst, zeigt dir die Sanduhr.

Die Gewichte zeigen dir, ob das Experiment eher leicht, mittelschwer oder schwer ist.

Dieses Experiment kannst du auch als Zaubertrick deinen Freunden vorführen.

Einige Experimente haben eine Wartezeit. Dies zeigt dir das Weckersymbol.

Regen im Glas

Kann es in einem Einmachglas regnen?

Du brauchst dafür:

- ein großes Einmachglas
- eine kleine Pflanze
- Frischhaltefolie
- ein Gummiband
- Sonne
- Erde
- Wasser

Wartezeit:
ca. einen Tag

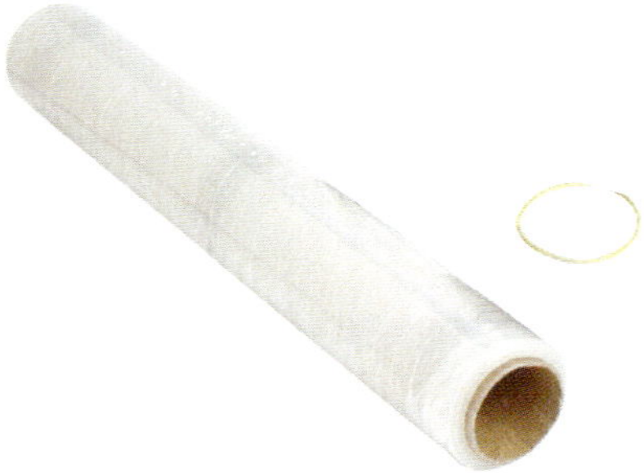

Und so wird's gemacht:

Für dieses Experiment brauchst du viel Sonne. Am besten wartest du also einen Tag ab, an dem die Sonne so richtig vom Himmel lacht.

Fülle das Einmachglas mit etwas Blumenerde oder mit Erde aus dem Garten. Wenn du magst, kannst du noch eine kleine Pflanze in die Erde einsetzen. Das sieht sehr hübsch aus, ist aber für das Experiment nicht unbedingt notwendig. Egal ob mit oder ohne Pflanze: Jetzt ist erst einmal reichlich Gießen angesagt.

Verschließe dann das Glas mit einem Stück Frischhaltefolie und einem Gummiband oder Bindfaden. Ab damit in die Sonne — also raus auf die Terrasse, den Balkon oder einfach auf das Fensterbrett.

Jetzt heißt es ein bisschen Geduld haben. Aber das Warten lohnt sich: Denn nach einiger Zeit bilden sich an der Folie Wassertröpfchen. Im Glas beginnt es zu „regnen".

15 Minuten

leicht

Wissens-Box

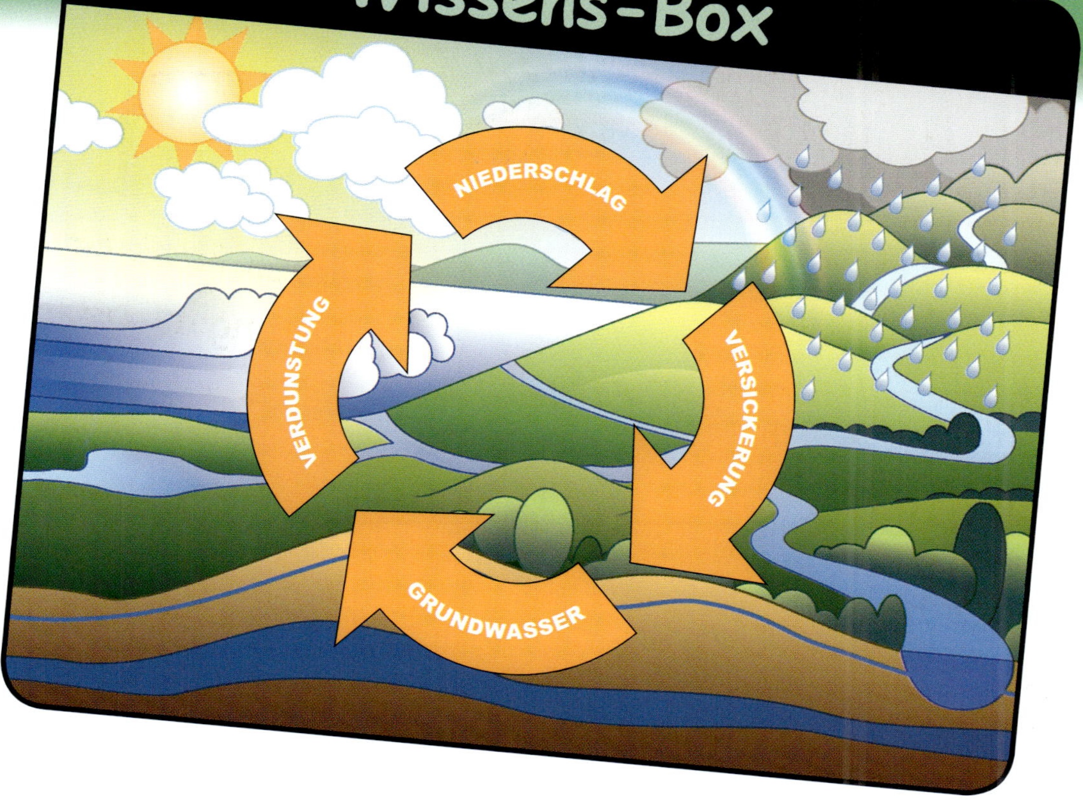

Warum ist das so?

Die Sonne lässt das Wasser im Boden verdunsten. Unendlich viele, winzig kleine Wasserteilchen steigen dabei als Wasserdampf in die Luft. Je weiter die Teilchen nach oben kommen, desto kühler wird es. Aus diesem Grund drängen sich die einzelnen Wasserteilchen aneinander und werden wieder zu Wassertropfen. Man sagt auch: Der Wasserdampf kondensiert. In der Natur sammelt sich das Kondenswasser am Himmel und bildet Wolken. Im Experiment sammelt es sich an der Frischhaltefolie.

Je mehr Tropfen sich sammeln, desto schwerer werden die Wolken. Auch die Tropfen an der Folie werden immer dicker und schwerer. Selbst die stärkste Wolke hat einmal genug: Werden die Tropfen zu schwer, beginnt es zu regnen, zu schneien oder zu hageln. Auf der Erde fällt das Wasser in Flüsse und ins Meer oder sickert in den Boden. Die Sonne lässt es dann verdunsten, es steigt als Wolke in den Himmel und fällt als Regen wieder auf die Erde ...

Wasserfontäne

Wann schießt Wasser in die Höhe?

Du brauchst dafür:

- drei Marmeladengläser
- einen Marmeladenglasdeckel
- einen dicken Nagel
- einen Handbohrer
- einen Hammer
- zwei Trinkhalme
- Wasserfarbe
- einen Schuhkarton
- Knete
- Wasser

Und so wird's gemacht:

Mit dem Hammer und dem Nagel schlägst du zwei einander gegenüberliegende Löcher in den Rand eines Marmeladenglasdeckels. Versuche mit dem Handbohrer die Löcher so zu vergrößern, dass jeweils ein Trinkhalm gerade durchpasst. Achte darauf, dass die Löcher nicht zu groß werden, sonst brauchst du später viel Knete, um die Ränder der Löcher abzudichten.

30 Minuten

mittel

Schiebe die Trinkhalme jetzt in den Deckel und befestige sie so, wie es die Abbildung zeigt. Nimm dafür Knete und dichte die Zwischenräume rund um den Trinkhalm ab. Du solltest dabei sehr sorgfältig vorgehen, damit dir das Wasser nicht an undichten Stellen ausläuft.

Bist du mit dem Deckel fertig, füllst du zwei der Marmeladengläser mit Wasser und gibst in das vollere ein bisschen Farbe. So wird deine Wasserfontäne schön bunt.

Das mit weniger Wasser gefüllte Marmeladenglas verschließt du mit dem präparierten Trinkhalmdeckel. Der eine Halm sollte dabei ins Wasser ragen, der andere nur im Deckel stecken. Die zwei weiteren Gläser platzierst du so, dass eines davon auf und das andere dicht neben dem Schuhkarton steht.

Wissens-Box

Vielleicht hast du schon mal von den isländischen Geysiren gehört? Das sind Quellen, die in unterschiedlichen Zeitabständen heißes Wasser in die Höhe spritzen. Das Wort „Geysir" stammt aus dem Isländischen und bedeutet „wildes Strömen". Sie entstehen in Gebieten, wo Vulkane tief in der Erde aktiv sind. Dort wird das Grundwasser von heißem vulkanischen Gestein erhitzt. Unter Druck wird das heiße Wasser dann an die Oberfläche gepresst und schießt wie eine Fontäne aus dem Erdreich. Dabei können die Fontänen eine Höhe von 50 Metern erreichen.

Jetzt hast du alles für deine Wasserfontäne vorbereitet und brauchst nur noch das Marmeladenglas mit dem Trinkhalmdeckel umzudrehen und so über die anderen Gläser zu halten, wie es dir die Abbildung zeigt. Nun schießt plötzlich Wasser aus dem Halm nach oben: Du hast einen Springbrunnen gebaut. Sicher ist deine Fontäne nicht so hoch wie die eines richtigen Springbrunnens, den du von großen Plätzen kennst. Dafür funktioniert sie aber ganz ohne elektrische Pumpe und verbraucht keine Energie.

Warum ist das so?

Zuerst läuft das Wasser aus dem hochgehaltenen Glas nach unten weg ... Dadurch wird aber die Luft in diesem immer „dünner" – es entsteht ein kleines Vakuum. Der normale höhere Luftdruck im Zimmer will das ausgleichen und drückt so stark auf das Wasser im offenen Glas, dass es hochsteigt und sprudelt.

Bläschenzauber

Wie entstehen Blasen im Wasser?

Du brauchst dafür:

- ein Glas Wasser
- einen Bierdeckel
- eine Schere

Und so wird's gemacht:

Pikse mit einer Schere oder mit einem anderen spitzen Gegenstand vorsichtig drei Löcher in die Mitte eines Bierdeckels. Bohre die drei Löcher am besten so, dass du sie bequem mit den Fingern zuhalten kannst.

Lege jetzt den Bierdeckel auf ein volles Glas Wasser und verschließe die Löcher mit deinen Fingern. Halte dein Glas am besten über ein Waschbecken.

Jetzt wird's spannend: Stülpe das Glas auf den Kopf. Die Finger verschließen dabei immer noch die Löcher und pressen den Bierdeckel fest ans Glas. Aber nicht mehr lang: Denn jetzt kannst du die Finger von den Löchern nehmen. Kaum zu glauben! Aus dem Glas tropft kein Wasser heraus, aber es steigen im Glas blubbernde große Blasen auf.

Warum ist das so?

So ein Bierdeckel besteht aus Pflanzenfasern. Und diese vielen winzigen Haarröhrchen ziehen das Wasser im Glas an: Der Bierdeckel saugt sich wie ein Schwamm mit Wasser voll. Dadurch entsteht im Glas ein Unterdruck, der wieder ausgeglichen werden muss. Für diesen Ausgleich sorgt die Luft im Zimmer, die durch die Löcher im Bierdeckel ins Glas hineinströmt. Und genau diese Luft erzeugt auch die Blasen, die im Wasser nach oben blubbern.

20 Minuten

mittel

Unterwasserschornstein

Kann es unter Wasser qualmen?

Du brauchst dafür:

- eine kleine Flasche
- ein großes Glas
- Wasserfarbe
- einen Bindfaden
- Wasser

Und so wird's gemacht:

Nimm die kleine Flasche und binde an zwei Seiten einen Bindfaden an den Flaschenhals. Mit den „Bindfadenhenkeln" kannst du deine Flasche später besser in das große Glas führen.

Rühre die Wasserfarbe mit viel Wasser an. Den Pinsel streichst du dann an der Öffnung der kleinen Flasche ab, damit die Farbe in die kleine Flasche tropft. Fülle nun die Flasche randvoll mit warmem Wasser. Damit sie nicht so schnell abkühlt, kannst du sie auch von außen etwas mit dem warmen Wasser abspülen.

Fülle nun in das große Glas kaltes Wasser und führe die kleine Flasche mit dem Bindfaden vorsichtig in das Glas. Pass aber auf, dass die kleine Flasche dabei nicht umkippt. Jetzt kann dein Unterwasserschornstein anfangen zu qualmen.

20 Minuten

mittel

Wissens-Box

Wenn wir Wasser erwärmen, wird nicht die gesamte Wassermenge auf einmal warm, sondern sie erwärmt sich Schicht für Schicht. Wenn du zum Beispiel Wasser in einem Topf erwärmst, leitet das Metall des Topfes die Wärme an das Wasser weiter. Die untere Schicht wird erhitzt und steigt nach oben. Die obere, kühlere Schicht sinkt nach unten und wird nun ebenfalls erwärmt. Das Wasser ist also immer in Bewegung, bis die gesamte Wassermenge warm ist. Die Auf- und Abbewegung des Wassers nennt man auch Konvektion.

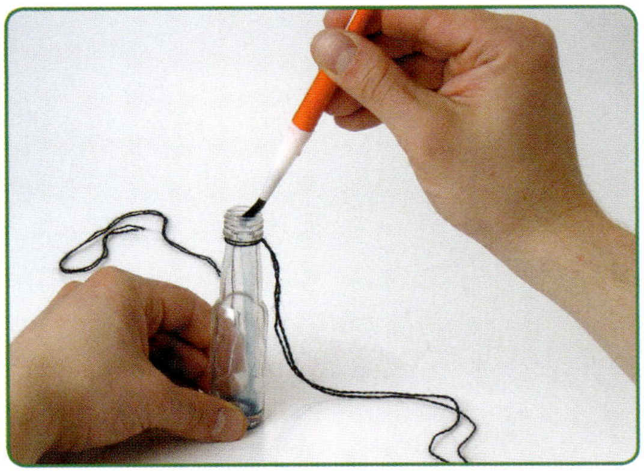

Warum ist das so?

Wasser besteht aus winzig kleinen Teilchen, den Molekülen. Wenn du das Wasser erwärmst, dann bewegen sich die kleinen Wasserteilchen ganz schnell und brauchen deshalb mehr Platz als die kalten Wasserteilchen.

Die Dichte des warmen Wassers hat durch die Bewegung der Teilchen abgenommen. Durch die geringere Dichte ist das Wasser auch leichter geworden und steigt nach oben. Und genau das passiert auch mit dem warmen, gefärbten Wasser in deiner kleinen Flasche.

Wenn das gefärbte Wasser nach oben steigt, kühlt es durch das kalte Wasser recht schnell wieder ab und vermischt sich wieder mit dem umgebenden Wasser.

Unter Verschluss

Bleibt Wasser in einem umgedrehten Glas?

Du brauchst dafür:

- ein Glas Wasser
- eine Postkarte

Und so wird's gemacht:

Fülle ein Glas randvoll mit Wasser und lege eine Postkarte darauf. Drücke die Postkarte mit der flachen Hand fest an das Glas und stülpe das Ganze mit einem Ruck auf den Kopf. Was glaubst du, was passiert, wenn du jetzt deine Hand langsam von der Postkarte wegnimmst?

Kaum zu glauben, aber die erwartete Überschwemmung bleibt aus. Die Postkarte klebt wie von Geisterhand gehalten am Glas und sperrt das Wasser darin ein.

Warum ist das so?

Wir leben auf der Erde sozusagen am Boden eines riesigen „Luftozeans". Diese Luft über uns hat natürlich ein Gewicht und drückt auf alles hier unten: Es ist der normale Luftdruck. Dieser drückt auch auf die Postkarte unter dem Wasserglas und ist in diesem Fall stärker als das Gewicht des Wassers. Weil sich die Postkarte voll Wasser gesogen hat, entsteht ein Unterdruck im Glas. Der normale Luftdruck im Zimmer will diesen aber wieder ausgleichen und drückt dagegen.

10 Minuten

mittel

Wasserglasdisko

Können Rosinen im Wasser tanzen?

Du brauchst dafür:

- ein Glas Mineralwasser mit Kohlensäure
- Rosinen oder kleine Gegenstände

Und so wird's gemacht:

Fülle ein Glas Mineralwasser und werfe Rosinen hinein. Beobachte, was passiert. Na klar, sie sinken zu Boden. Aber was passiert nun? Sie bewegen sich plötzlich nach oben, sinken wieder zu Boden und steigen wieder auf. Rate mal mit deinen Freunden, wie lange die Rosinen auf und ab tanzen können.

Tipp:
Probier doch mal, ob andere kleine Gegenstände auch gut im Wasserglas tanzen.

Warum ist das so?

Wenn du eine Sprudelflasche öffnest, hörst du es zischen. Der Druck in der Flasche wird beim Öffnen geringer und das in das Mineralwasser gepresste Kohlendioxid kann entweichen.

Es bilden sich kleine Bläschen, die nach oben steigen. Auch an deinen Rosinen. Weil die Rosinen leicht sind, werden sie wie auf einem Luftkissen von den Bläschen nach oben getragen. An der Wasseroberfläche angekommen, platzen die Bläschen und die Rosinen fallen nach unten. Doch schnell bilden sich neue kleine Bläschen und der Rosinentanz im Wasserglas beginnt von vorn.

15 Minuten

leicht

Zuckerwasser

Wie entstehen bunte Zuckermuster im Wasser?

Du brauchst dafür:

- drei verschiedenfarbige Tintenpatronen
- einen tiefen Teller
- drei Zuckerwürfel
- Wasser

Und so wird's gemacht:

Gib jeweils auf einen der Zuckerwürfel ein paar Tropfen deiner ausgewählten Tinte und stelle sie für dein Experiment bereit. Färbe dabei einen Würfel blau, einen rot und den letzten grün.

Fülle den Teller mit kaltem Wasser. Lege die bunten Zuckerwürfel mit der farbigen Seite nach unten in den Teller, und schon beginnt ein faszinierendes Farbenspektakel.

Warum ist das so?

Tinte und Zucker bestehen aus verschiedenen Molekülen und verteilen sich unterschiedlich im Wasser. Die Tinte ist dabei langsamer als der Zucker. Löst sich nun der Zucker auf, geht mit ihm die Tinte, die sich ja erst später auflöst, auf Wanderschaft. Dadurch entstehen die außergewöhnlichen Farbmuster im Wasser.

30 Minuten

leicht

Farbenflitzer

Hat ein Filzstift wirklich nur eine Farbe?

Du brauchst dafür:

- ein Marmeladenglas
- einen schwarzen wasserlöslichen Filzstift
- eine Klammer
- ein Stück Löschpapier
- Wasser

Und so wird's gemacht:

Beginne mit dem Löschpapier und schneide es so zurecht, dass es optimal in dein Marmeladenglas passt. Jetzt machst du auf den Löschpapierstreifen einen Zentimeter vom Rand entfernt mit dem schwarzen wasserlöslichen Filzstift eine Punktelinie.

Als Nächstes füllst du das Marmeladenglas mit Wasser, so dass der Boden gut bedeckt ist. Tauche nun deinen präparierten Papierstreifen in das Glas und achte darauf, dass die Punktelinie nicht das Wasser berührt, das Papier hingegen muss im Wasser hängen.

Befestige den Papierstreifen mit einer Klammer am Glasrand. Das Löschpapier beginnt jetzt, das Wasser aufzusaugen. Du wirst überrascht sein, was passiert.

Warum ist das so?

Wenn das Löschpapier anfängt, das Wasser aufzusaugen, wandert dieses auch an deinen schwarzen Punkten vorbei. Die Farbe des Filzstifts wird dabei mitgezogen. Da die Farbe Schwarz aus vielen Farben besteht und diese unterschiedlich stark am Löschpapier haften bleiben, wird sie in verschiedene Farben zerteilt. Trocknest du deinen Papierstreifen, kannst du genau beobachten, welche Farben im Schwarz verborgen sind, welche davon am stärksten am Papier hängen bleiben und welche am weitesten kommen.

30 Minuten

leicht

Wasseruhr

Kannst du mit Wasser die Zeit messen?

Du brauchst dafür:

- eine Plastikflasche
- einen spitzen Nagel
- einen Holzspieß
- ein Holzklötzchen
- einen dünnen Bindfaden
- einen Stift
- einen Zirkel
- eine Schere
- Klebstoff und Klebeband
- eine stabile Schachtel
- eine kleine Schale
- Wasser
- Pappe

Und so wird's gemacht:

Schneide die Plastikflasche, so wie auf der Abbildung zu sehen, zurecht. Bohre mit dem Nagel unmittelbar über dem Boden der Flasche ein Loch. Je nachdem, wie schnell sich der Zeiger deiner Wasseruhr drehen soll, kannst du die Größe des Loches verändern. Mache es aber nicht zu groß, sonst ist dein Wasser zu schnell aus der Flasche gelaufen. Lege den Holzspieß quer über die abgeschnittene Flasche und markiere die beiden Berührungspunkte mit dem Stift. Schneide hier mit der Schere zwei Kerben in die Plastikflasche, damit sich dein Holzspieß später gut drehen kann.

45 Minuten

mittel

Bereite anschließend das Zifferblatt vor. Zeichne dafür mit einem Zirkel einen Kreis auf die Pappe, schneide ihn aus und beschrifte ihn mit den Ziffern von 1 bis 12, so wie du es von einer Uhr kennst. Jetzt fehlt dir noch der Zeiger für deine Wasseruhr. Schneide ihn aus der restlichen Pappe aus. Du kannst aber auch eine andersfarbige Pappe nehmen, damit deine Wasseruhr schön bunt wird.

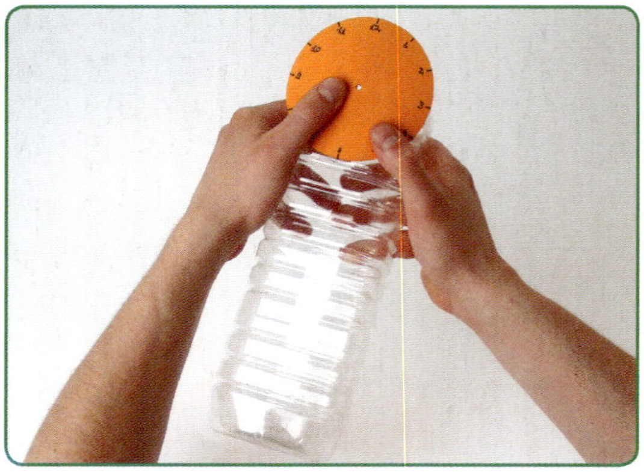

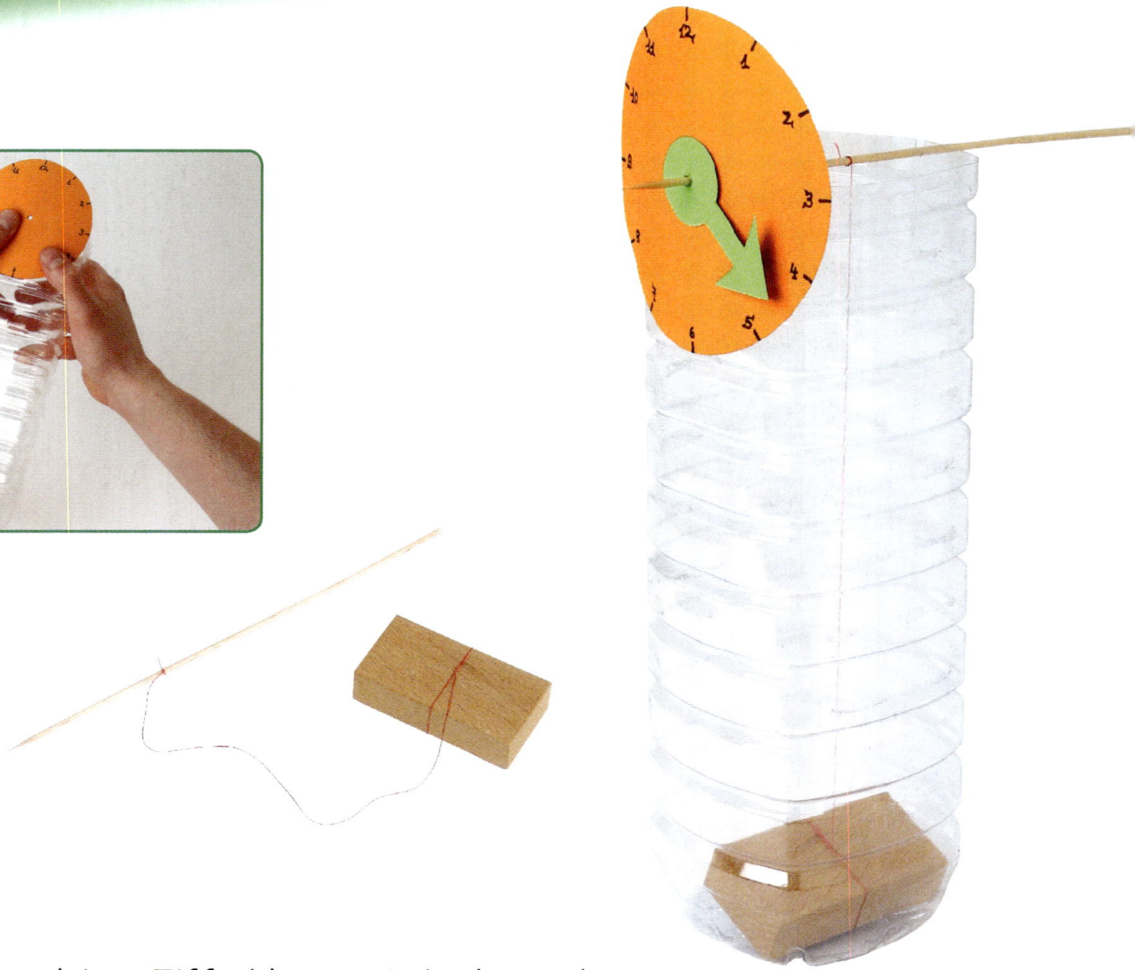

Mache in der Mitte deines Zifferblattes ein Loch mit dem Holzspieß und erweitere es dabei ein wenig, denn das Zifferblatt darf den Holzspieß beim Drehen nicht blockieren. Klebe das Zifferblatt so an die Flasche, dass das Loch genau auf der Höhe der Kerben sitzt. Damit sich dein Zeiger auch richtig drehen kann, nimmst du den Bindfaden und befestigst das eine Ende am Holzspieß und das andere an dem Holzklötzchen. Sieh dir dazu die Abbildung genau an.

Lege jetzt den Holzspieß in die Kerben der Flasche und schiebe ihn durch das Loch des Zifferblattes. Das Holzklötzchen sollte dabei genau in der Mitte der Flasche hängen. Spieße nun noch den Zeiger auf den Holzspieß und wickle den Faden sorgfältig auf. Bevor du deine Wasseruhr in Betrieb nimmst, solltest du das Loch in der Flasche mit Klebeband verschließen.

Stelle die Wasseruhr auf eine Schachtel. Halte eine kleine Schale unter dem Loch bereit, mit der du den gesamten Inhalt der Flasche auffangen kannst. Die Schale muss also entsprechend groß sein, damit es keine Überschwemmung gibt. Fülle nun die Flasche mit Wasser auf. Wenn du jetzt das Klebeband entfernst, fängt der Zeiger an, sich wie von Geisterhand zu drehen.

Wissens-Box

Wasseruhren haben im Vergleich zu Sonnenuhren den Vorteil, dass sie auch bei Regen und Dunkelheit funktionieren. Sehr wahrscheinlich waren es die Babylonier, die lange vor der abendländischen Zeitrechnung dieses Zeitmessgerät erfanden. Die Ägypter griffen die Technik auf und später wurde sie von den Griechen und Römern verfeinert. Im 3. Jahrhundert v. Chr. gelang es angeblich einem Arzt, mit Hilfe einer Wasseruhr den Puls seiner Patienten zu messen. Im Laufe der Zeit entstanden zahlreiche Konstruktionen von Wasseruhren. Eine davon siehst du hier in deiner Anleitung.

Warum ist das so?

Dein Holzspieß ist über den Faden mit einem Schwimmer verbunden. Sinkt der Wasserstand in der Flasche, sinkt auch der Schwimmer mit ihm. Dabei rollt sich der Bindfaden ab und bringt deinen Holzspieß zum Drehen. Der am Holzspieß angebrachte Zeiger dreht sich dabei mit.

Lässt du deine Uhr laufen, wirst du feststellen, das sich dein Zeiger zum Ende hin langsamer dreht. Dies liegt am sinkenden Gewicht des Wassers. Am Anfang drückt mehr Gewicht auf das untere Wasser. Dadurch ist der Druck größer und das Wasser wird mit einer höheren Geschwindigkeit aus dem Loch der Flasche gedrückt. Sinkt der Wasserpegel, reduziert sich gleichzeitig das Gewicht des Wassers und es tritt langsamer aus der Flasche.

Trockener Finger

Kann dein Finger im Wasser trocken bleiben?

Du brauchst dafür:

- einen Eierbecher
- gemahlenen Pfeffer
- Wasser

Und so wird's gemacht:

Fülle einen Eierbecher oder ein kleines Glas mit Wasser und stelle das Ganze auf den Tisch. Wenn die Wasseroberfläche ganz ruhig ist, kannst du anfangen, vorsichtig Pfeffer darauf zu streuen. Wichtig ist, dass sich das Wasser dabei möglichst nicht bewegt, denn sonst taucht der Pfeffer ab. Streue so viel Pfeffer in den Eierbecher, dass die gesamte Wasseroberfläche mit einer dicken Schicht Pfeffer bedeckt ist. Beim Streuen solltest du immer weiter darauf achten, dass sich das Wasser nicht bewegt.

Jetzt wird es spannend: Tauche deinen Zeigefinger langsam ein kleines Stück ins Wasser und zieh ihn schnell wieder raus. Es ist kaum zu glauben, aber der Finger ist trocken!

Wenn der Versuch nicht gleich beim ersten Mal klappt: Nicht aufgeben! Vielleicht hast du zu wenig Pfeffer verwendet, vielleicht hat das Wasser gewackelt oder du hast den Finger zu langsam wieder aus dem Wasser gezogen. Mit ein bisschen Übung und Geduld klappt's bestimmt!

Warum ist das so?

Auf der Wasseroberfläche befindet sich eine dünne, elastische Haut: die so genannte „Wasserhaut". Die „Wasserhaut" bildet sich durch die Oberflächenspannung des Wassers. Sie ist zwar sehr dünn und unsichtbar, kann aber trotzdem kleine Gewichte tragen. Der Pfeffer verstärkt diese „Wasserhaut". Sie wird also noch stabiler und hält ein leichtes Gewicht wie zum Beispiel deinen Finger aus. Erst wenn der Druck zu groß wird, „reißt" die Haut und dann wird dein Finger natürlich nass.

20 Minuten

schwer

Postkartendeckel

Wieso saugt sich die Postkarte auf dem Glas fest?

Du brauchst dafür:

- ein Glas Wasser
- eine Postkarte
- eine Schere
- Münzen

Und so wird's gemacht:

Nimm eine Postkarte und schneide sie so wie auf dem Foto zurecht. Das große Viereck sollte so groß sein, dass es gut den Glasrand abdeckt. Auf das kleine Viereck sollen später die Münzen gelegt werden.

Stelle das Glas in ein Spülbecken und lasse es mit Wasser überlaufen. Lege den Postkartendeckel auf das Glas. Wenn du nun mit dem Finger vorsichtig auf das kleine Viereck drückst, wirst du feststellen, dass der Deckel fest auf dem Glas sitzt.

Jetzt rate mal mit deinen Freunden: Wie viele Münzen kannst du auf das kleine Viereck legen, bis die Postkarte herunterfällt? Versuche das gleiche Experiment mal mit Spülmittelwasser. Ob der Versuch jetzt auch noch klappt?

Warum ist das so?

Jeder Stoff – sei es Wasser oder Pappe – besteht aus winzig kleinen Teilchen, den Molekülen. Wassermoleküle ziehen sich stark an. An der Wasseroberfläche ziehen sie sich nach innen. Jedes Molekül versucht also von der Oberfläche wegzukommen. Dadurch entsteht die Oberflächenspannung des Wassers. Diese Spannung kann sogar leichte Gegenstände auf der Wasseroberfläche tragen. Das kannst du z.B. beobachten, wenn ein Blatt auf der Wasseroberfläche schwimmt. Wenn du nun die Postkarte auf die Wasseroberfläche legst, ziehen sich auf gleiche Weise die Wassermoleküle und die Moleküle der Pappe an. Diese Kraft ist so stark, dass sie auch die Münzen halten kann. Wenn du Spülmittel in das Wasser gibst, werden die Kräfte der Moleküle verringert und die Karte hält nicht mehr auf dem Wasser.

15 Minuten

leicht

Schichttorte

Wie kannst du Flüssigkeiten übereinander schichten?

Du brauchst dafür:

- zwei Gläser
- Honig oder Sirup
- eine Tintenpatrone oder Wasserfarbe
- evtl. kleine Gegenstände
- Wasser
- Öl

Und so wird's gemacht:

Nimm dir ein Glas und fülle es mit Honig. Die Honigschicht sollte ca. zwei bis drei Zentimeter hoch sein. Gib etwas Wasser in ein weiteres Glas und färbe es mit der Tinte ein. Gieße nun vorsichtig das gefärbte Wasser in das andere Glas. Als dritte Schicht schüttest du das Öl dazu. Auch diese beiden Schichten sollten in etwa so hoch sein wie die Honigschicht. Und was passiert? Die Schichten bleiben exakt voneinander getrennt und vermischen sich nicht. Ob das auch klappt, wenn du vorsichtig das Glas schräg hältst?

Ratetipp:
Wirf verschiedene Gegenstände in das Glas, wie zum Beispiel eine Schraubenmutter oder eine Nudel, und rate mit deinen Freunden, in welcher Schicht sie hängen bleiben.

15 Minuten

leicht

Wissens-Box

Auch in der Natur können unterschiedliche Dichten von Flüssigkeiten aufeinander treffen, zum Beispiel in der Ostsee. Die Ostsee ist ein Brackwassermeer. Brackwasser entsteht durch eine Mischung aus Süß- und Salzwasser. Da Salzwasser und Süßwasser unterschiedliche Dichten haben, kommt es in manchen Gebieten der Ostsee zu einer Dichteschichtung. Das salzärmere Süßwasser liegt oben auf und das Salzwasser mit seiner größeren Dichte in den tieferen Wasserschichten. Dazwischen liegt die so genannte Sprungschicht, die den Übergang zwischen den beiden Schichten bildet.

Warum ist das so?

Alle drei Flüssigkeiten haben eine unterschiedliche Dichte. Das bedeutet, die Honigschicht nimmt zwar genauso viel Platz wie die Wasserschicht ein, ist aber dafür schwerer. Honig hat somit eine größere Dichte als Wasser.

Das Öl hingegen ist viel leichter und kann auf dem Wasser schwimmen. Es hat also eine geringere Dichte.

Faszinierend: Selbst wenn du das Glas schräg hältst, werden die Flüssigkeiten immer in der gleichen Reihenfolge geschichtet bleiben. Das klappt auch, wenn du die Flüssigkeiten in ein Glas mit Schraubverschluss kippst und schüttelst. Allerdings solltest du dann ungefärbtes Wasser nehmen, da sich bei manchen Farben auch der Honig färbt und du die Schichten nicht mehr so gut erkennen kannst.

Auch feste Gegenstände haben unterschiedliche Dichten. Je nachdem, wie groß oder klein die Dichte ist, schwimmt der hineingeworfene Gegenstand in der unteren, mittleren oder oberen Schicht.

Schwimmender Krake

Warum schwimmt der Krake mitten im Glas?

Du brauchst dafür:

- eine Plastikflasche (1 Liter)
- eine Plastikflasche (0,25 Liter)
- eine Schere
- Knete
- einen Messbecher
- warmes Wasser
- einen Esslöffel
- einen wasserfesten Stift
- Wasserfarbe
- einen Pinsel
- Salz

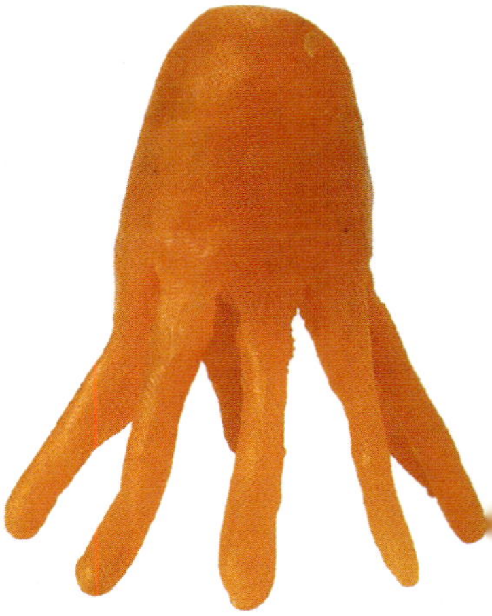

Und so wird's gemacht:

Forme dir zunächst aus Knete einen „Schwimmer". Er könnte aussehen wie ein Taucher, ein Fisch, ein Seepferdchen oder ein Krake, wie er hier auf der Abbildung zu sehen ist. Stelle dann dein Experimentiergefäß her. Schneide dazu mit der Schere den langen, schmalen Hals der großen Plastikflasche ab. Fülle einen Viertelliter warmes Wasser in die Flasche und setze den „Schwimmer" darauf. Du wirst sehen, dass er bis auf den Flaschenboden absinkt. Nimm jetzt den „Schwimmer" wieder aus dem Wasser und markiere mit einem wasserfesten Stift den Wasserstand.

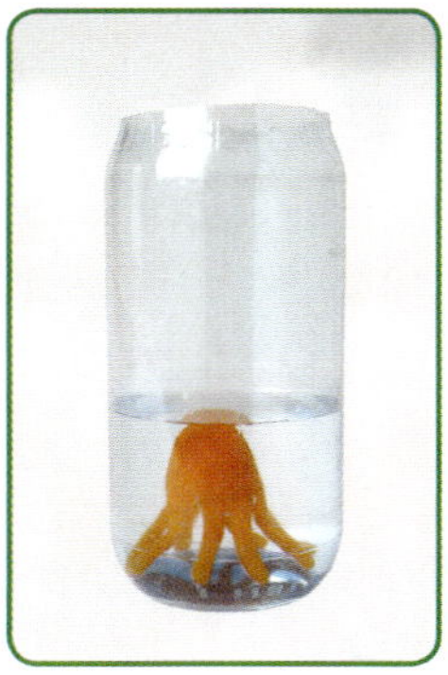

30 Minuten

schwer

Gib nun nach und nach fünf Esslöffel Salz hinzu und rühre dabei gut um, damit sich das Salz im Wasser auflöst. Das geht einfacher, wenn du nach jedem Löffel das Salz gleich verrührst und nicht die gesamte Salzmenge auf einmal hineinschüttest. Beobachte bei deinem Vorgehen den Wasserstand. Steigt er, sobald du das Salz in das Wasser gibst?

Fülle jetzt die kleine Flasche ebenfalls mit einem Viertelliter Wasser und färbe dieses mit der Wasserfarbe. Damit du deinen „Schwimmer" beim Experimentieren auch gut sehen kannst, solltest du für das Wasser eine Farbe wählen, von der er sich gut abhebt.

Gib das gefärbte Wasser zu deiner Salzlösung. Wende dafür folgenden Trick an, damit sich die beiden Flüssigkeiten nicht miteinander vermischen: Halte den Löffelstiel schräg in dein Experimentiergefäß. Die Stielspitze berührt dabei die Wasseroberfläche. Lass das gefärbte Wasser langsam den Löffelstiel herunterrinnen. Dadurch trifft es besonders sanft auf das Salzwasser. Setze jetzt den „Schwimmer" auf das Wasser. Du wirst sehen, dass er nur bis auf den Salzwasserspiegel absinkt.

Wissens-Box

Den besten Beweis dafür, dass Salzwasser gut trägt, liefert das Tote Meer. Es liegt zwischen Israel und Jordanien. Hier können Nichtschwimmer, wie von unsichtbarer Hand getragen, im Wasser liegen, ohne unterzugehen! Im Toten Meer ist der Salzgehalt zehnmal höher als im normalen Meerwasser, weil es ein Binnenmeer ist und keine Verbindung zu den großen Ozeanen hat. Das Wasser, das dem toten Meer über die Flüsse zufließt, verdunstet sehr schnell durch das heiße Wüstenklima. Da nur reines Wasser verdunstet, bleiben die Mineralien und Salze erhalten, die über die Flüsse in das Tote Meer fließen.

Warum ist das so?

Da Salzwasser eine höhere Dichte hat als das „süße" Trinkwasser aus der Wasserleitung, trägt es den Kraken. Das Phänomen der Dichte hast du vielleicht schon beobachtet, als du das Salz dem Wasser hinzugefügt hast. Der Wasserstand stieg trotz Salzzugabe nicht an. Das liegt daran, dass sich Salz und Wasser so miteinander vermischen, dass sie nicht mehr Raum einnehmen als Trinkwasser.

Überschwemmung

Was passiert, wenn Eiswürfel schmelzen?

Du brauchst dafür:

- ein Glas
- Wasser
- viele Eiswürfel

Wartezeit:
Schmelzen des Eises
ca. eine Stunde

Und so wird's gemacht:

Lege viele Eiswürfel in ein Glas und fülle es dann randvoll mit Wasser. Du wirst sehen: Die Eiswürfel schwimmen und ragen etwas über den Glasrand hinaus. Was glaubst du wohl, was passiert, wenn jetzt die Eiswürfel schmelzen? Wird das Glas überlaufen?

Warum ist das so?

Es ist eigentlich kaum zu glauben, aber das Glas läuft nicht über.
Beim Gefrieren dehnt sich Wasser aus und braucht mehr Platz. Das heißt umgekehrt: Das Wasser im Eiswürfel „schrumpft" beim Schmelzen zusammen. Kein Tropfen Wasser wird also daneben gehen.

Eisige Bären

Können Gummibären schwimmen?

Du brauchst dafür:

- zwei Gummibärchen
- einen Eiswürfelbehälter
- Wasser
- ein Glas

Wartezeit:
Wasser einfrieren
ca. zwei Stunden

Und so wird's gemacht:

Zuerst muss das Experiment vorbereitet werden: Lege dafür ein Gummibärchen in einen Eiswürfelbehälter und fülle ihn randvoll mit Wasser. Ab damit ins Gefrierfach — am besten über Nacht!

Jetzt kann's losgehen: Lass zuerst das andere Gummibärchen, das noch übrig ist und nicht eingefroren wurde, in ein Glas voll Wasser plumpsen. Setze dann den Eiswürfel mit dem eingefrorenen Gummibärchen dazu. Was passiert? Das nicht eingefrorene Gummibärchen sinkt sofort auf den Boden des Glases. Das Eisgummibärchen dagegen schwimmt oben.

Allerdings nicht lange. Denn nach einiger Zeit kannst du beobachten, dass dein eingefrorenes Bärchen ebenfalls langsam abtaucht.

Warum ist das so?

Dein Gummibärchen hat nicht wirklich an Gewicht verloren, sondern ist nur vom leichten Eis umgeben. Es schwimmt deshalb wie ein Kleinkind mit einem Schwimmring. Wie die Luft im Schwimmring, ist auch Eis leichter als Wasser und trägt das Gummibärchen.

Das normale Gummibärchen ist dagegen schwerer als Wasser und sinkt sofort nach unten. Wenn das Eis um das Gummibärchen aber nach und nach schmilzt, wird auch das Gummibärchen immer schwerer und sinkt langsam auf den Grund des Glases.

1 Stunde

leicht

Eiswürfel angeln

Kannst du Eiswürfel mit einem Faden fischen?

Du brauchst dafür:

- ein Glas
- einen Stab oder einen Stift
- einen Faden
- einen Eiswürfel
- Wasser
- Salz

Wartezeit:
Wasser einfrieren
ca. zwei Stunden

Und so wird's gemacht:

Fülle ein Glas zur Hälfte mit Wasser und lass einen Eiswürfel darin schwimmen. Den Faden wickelst du so um den Stab oder Stift, dass daraus eine Art Angel entsteht. Schaffst du es, mit dem Faden den Eiswürfel aus dem Glas zu angeln? Natürlich nicht, der Eiswürfel ist ja kein Fisch.

Mit folgendem Trick klappt es: Lege das Fadenende auf den Eiswürfel und streue Salz darauf. Du wirst sehen: Der Eiswürfel schmilzt an dieser Stelle und friert sofort wieder fest. Jetzt gelingt es dir den Eiswürfel aus dem Wasser zu angeln!

Warum ist das so?

Wasser gefriert normalerweise bei null Grad und wird zu Eis. Klare Sache, aber nun kommt das Salz ins Spiel: Salz senkt den Gefrierpunkt des Wassers auf minus sechs Grad. Ist es also wärmer als minus sechs Grad, fängt das Eis an zu schmelzen. Es bilden sich also an den Stellen, wo sich das Salz befindet, kleine Wasserpfützen auf dem Eiswürfel. Hältst du nun den Faden von deiner Angel in diese Pfütze, wirst du feststellen, dass die Pfütze schnell wieder zufriert und der Faden am Eis kleben bleibt. Aber wieso friert das Wasser plötzlich wieder zu? Die Wasserpfütze verdünnt das Salz und dadurch kann das Wasser wieder schneller gefrieren.

30 Minuten **mittel**

Eisdiele

Was macht das Salz bei der Eisherstellung?

Du brauchst dafür:

- zwei Esslöffel Milch
- einen Esslöffel Sahne
- einen kleinen Schneebesen
- einen Esslöffel Kakaopulver
- ein Wasserglas
- einen Esslöffel
- 15 Eiswürfel
- eine Schüssel
- ein Geschirrtuch
- Salz

Wartezeit:
ca. zwei Stunden

Und so wird's gemacht:

Bereite zunächst deine Eiscreme zu. Gib dafür in ein Wasserglas die beiden Esslöffel Milch und den Esslöffel Sahne. Streue anschließend den Esslöffel Kakaopulver noch dazu und verrühre alles vorsichtig mit dem Schneebesen. Deine Eiscreme wäre so weit schon mal fertig. Nur wie bekommst du sie kalt?

30 Minuten

mittel

Nimm die Eiswürfel und gib sie in die Schüssel. Bestreue sie mit mehreren Esslöffeln Salz, so dass die Würfel gut bedeckt sind. Dein selbst konstruierter „Gefrierschrank" ist jetzt einsatzbereit. Stelle dein Glas mit der noch flüssigen Eiscreme auf die Eiswürfel in der Schüssel. Du solltest noch weitere Eiswürfel um das Glas legen und ebenfalls mit Salz bestreuen, damit das Glas auch richtig gut mit Eiswürfeln eingepackt ist.

Mit dem Handtuch deckst du anschließend deinen „Gefrierschrank" zu und nach etwa ein bis zwei Stunden sollte deine Eiscreme servierfertig sein. Na, dann lass es dir schmecken!

Wissens-Box

Im Winter kann es durch Schnee und Eis auf den Straßen glatt werden und dann rücken die Räumfahrzeuge aus. Um das Eis sicherer zu machen, streuen viele von ihnen Splitt und Sand. Dadurch wird die Reibung erhöht. Salz zu streuen ist für die Umwelt schädlich, doch an manchen Stellen wird es im Straßenverkehr noch eingesetzt. Das Besondere am Salz ist, dass es den Gefrierpunkt des Wassers herabsetzt. Das Wasser fängt dann erst bei minus sechs Grad an zu gefrieren statt bei null Grad.

Tipp:
Wer mag, kann natürlich auch andere Eissorten ausprobieren und zum Beispiel pürierte Erdbeeren oder andere Früchte untermischen. Es gibt aber auch noch viel ausgefallenere Rezepte. Erlaubt ist alles, was dir schmeckt – wie wäre es denn mit Zimt- oder Basilikumeis? Dafür brauchst du nur etwas Gewürz je nach Geschmack unter deine Eiscrememischung zu rühren.

Warum ist das so?

Streust du Salz auf die Eiswürfel, bringst du sie zum Schmelzen. Dieser Schmelzvorgang verbraucht Wärme. Da du ein Tuch auf die Schüssel gelegt hast, verhinderst du, dass Wärme von außen in die Schüssel gelangen kann. Also holt sich das Eis die Wärme aus der Eiscrememischung. Auf diese Weise kühlt sie sich unter null Grad ab und gefriert zu einem leckeren Eis.

Ausdehnung

Warum braucht Eis mehr Platz als Wasser?

Du brauchst dafür:

- ein Glas
- einen Stift
- ein Eisfach
- Wasser

Wartezeit:
Wasser einfrieren
ca. zwei Stunden

Und so wird's gemacht:

Nimm dir ein Glas und fülle es zur Hälfte mit Wasser. Markiere mit einem Filzstift den Wasserstand. Stelle nun das Glas in ein Eisfach. Schau nach ca. einer halben Stunde in das Gefrierfach. Friert nun das Wasser von oben nach unten oder von unten nach oben zu? Nach ein bis zwei Stunden ist das Wasser gefroren und du kannst es aus dem Eisfach nehmen. Seltsam – das Eis ragt über die markierte Linie.

Warum ist das so?

Wasser besteht aus vielen kleinen Teilchen – den Molekülen. Wenn es so richtig kalt wird, also unter null Grad, gefriert das Wasser. Dabei vergrößern sich die Abstände zwischen den Teilchen und das Eis dehnt sich aus. Durch die Ausdehnung kann sogar eine geschlossene Flasche gesprengt werden, die mit Wasser gefüllt ist.

Wenn du zwischendurch mal in das Eisfach geschaut hast, konntest du sehen, dass das Eis zuerst an der Wasseroberfläche gefriert. Das liegt daran, dass gefrorenes Wasser viel leichter ist als flüssiges Wasser. Eis schwimmt deshalb immer an der Wasseroberfläche und gefriert von oben nach unten.

10 Minuten

leicht

Geheimnisvolle Kristalle

Wie entstehen bunte Salzkristalle?

Du brauchst dafür:

- einen Messbecher
- einen Teelöffel
- ein kleines Glas
- warmes Wasser
- Lebensmittelfarbe
- einen Bindfaden
- einen Holzspieß
- eine kleine flache Schale
- Kochsalz

Wartezeit:
ca. eine Woche

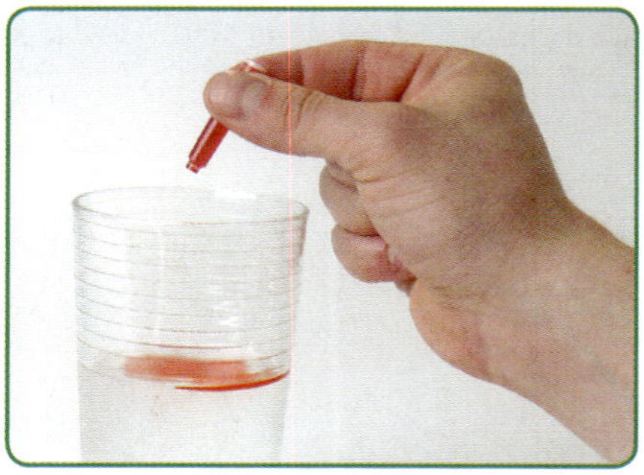

Und so wird's gemacht:

Gib 100 ml warmes Wasser in dein kleines Glas und rühre teelöffelweise Salz ein. Fülle so lange Salz nach, bis es sich trotz Rühren nicht mehr auflöst. Sieben bis acht Teelöffel müssten ausreichen. Das ist besonders wichtig, denn Salzkristalle können nur in stark „gesättigten" Salzlösungen wachsen. Gesättigt ist deine Lösung dann, wenn sich das Salz nicht mehr auflösen kann.

Färbe das Salzwasser noch mit Lebensmittelfarbe ein, damit deine Kristalle auch später schön leuchten. Fülle nun die Salzlösung in deine Schale und lass sie für etwa eine Woche auf der Fensterbank stehen. In dieser Zeit kann das Wasser verdunsten und es bilden sich am Boden der Schale große Kristalle. Suche dir die größten heraus und binde sie an einen Bindfaden.

2 x 20 Minuten

mittel

Wissens-Box

Dort, wo heute Salz aus dem Inneren der Berge oder tief unter der Erde ausgegraben wird, war vor langer, langer Zeit mal Meer. Es überspülte vor Millionen von Jahren das Land. Doch das Klima auf unserer Erde veränderte sich. Nach feuchten Zeiten kamen trockene. Und so verdunsteten ganze Meere und das in ihnen enthaltene Salz blieb zurück. Mit der Zeit wurde das Salz über Jahrmillionen mit immer neuen Erdschichten überdeckt und es entstanden bis zu hundert Meter dicke Salzstöcke. Diese Salzstöcke werden heute über riesige Stollen in Salzbergwerken abgebaut. Übrigens ist Salz das einzige Mineral auf unserer Erde, das von Natur aus von uns Menschen verzehrt werden kann und sogar lebenswichtig ist.

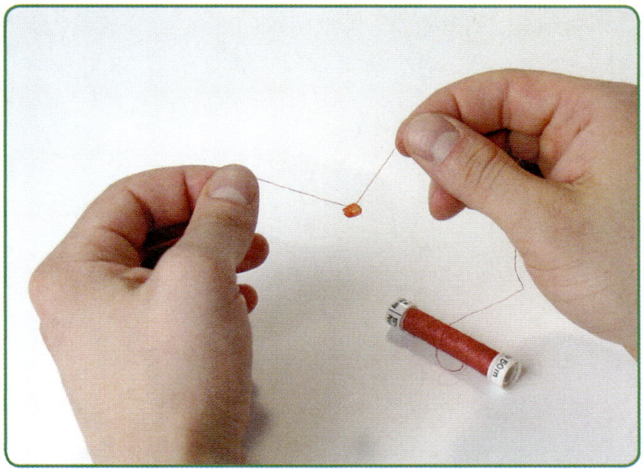

Diesen Faden bindest du, wie auf dem Foto, an einen Holzspieß. Fülle jetzt das große Glas mit warmem Wasser und fertige wieder, wie oben beschrieben, eine gesättigte Salzlösung an. Hänge den Faden mit den Kristallen in die Lösung. Stelle das Glas an einen ruhigen, warmen Ort. In der nächsten Woche wird das Wasser verdunsten und du wirst sehen, wie deine Kristalle wachsen.

Warum ist das so?

Das Kristallgitter von Kochsalz setzt sich aus Natrium- und Chlorid-Ionen zusammen. Durch die Wassermoleküle werden diese Ionen voneinander getrennt. Verdunstet das Wasser, verschwinden die Wassermoleküle und die Ionen können sich zu größeren Kristallen verbinden.

Wüstenwasser

Kannst du Wasser aus dem Boden gewinnen?

Du brauchst dafür:

- eine Plastikfolie
- ca. 10 - 15 größere Steine
- einen kleinen Stein
- eine kleine Schaufel
- ein Wasserglas
- eine Kiste
- Sand

Wartezeit:
ca. drei Stunden

Und so wird's gemacht:

Suche dir in der Sandkiste ein sonniges Plätzchen und buddle ein großes und tiefes Loch, in dem dein Glas genügend Platz hat. Stelle es genau in die Mitte des Loches und spanne die Plastikfolie darüber. Damit sie an den Seiten hält, beschwerst du die Folie mit den Steinen und dichtest zusätzlich die Ränder mit Sand ab. In die Mitte der Folie legst du deinen kleinen Stein, so dass die Folie trichterförmig über dem Glas durchhängt. Hast du keine Sandkiste, kannst du das Experiment auch mühelos in einer großen Schüssel durchführen. Wichtig ist dabei nur, dass du ausreichend Sand und genügend Sonne hast. Nach ein paar Stunden wirst du staunen: Im Glas hat sich Wasser angesammelt. In der Wüste könnte dir dieser Trick vielleicht das langersehnte Wasser herbeizaubern.

45 Minuten **leicht**

Wissens-Box

Anders als in deinem Experiment werden Wüstenoasen meistens mit Grundwasser versorgt. Solche Wasserspender nennt man „Artesische Brunnen". Sie treten zum Beispiel in der Sahara auf. Damit so ein Brunnen funktioniert, muss das Regenwasser zunächst in einer viel kühleren Region in eine schräg abwärts verlaufende Erdschicht eindringen. Diese Erdschicht muss ringsum von wasserundurchlässigen Erdschichten umgeben sein, damit sich das Wasser wie in einer Wasserleitung weiter fortbewegen kann. Dabei kann sich das Wasser seinen unterirdischen Weg auch bis in die Wüste suchen. Bohrt man eine solche „Wasserleitung" an, schießt das Wasser wie eine Fontäne aus dem Erdreich, da es durch das nachfließende Wasser unter Druck steht – so entsteht der „Artesische Brunnen".

Warum ist das so?

Auch wenn dein Sand scheinbar trocken ist, enthält er Wasser. Dieses verdunstet durch die Erwärmung und schlägt sich an der Folie nieder. Die dabei entstehenden Wassertröpfchen laufen durch die Trichterform in der Mitte zusammen und rinnen in das Glas.

Vulkane

Wie bricht ein Vulkan aus?

Du brauchst dafür:

- eine große Schüssel
- einen kleinen Trichter
- zwei Päckchen Natronpulver (gibt's im Supermarkt)
- zwei kleine Flaschen
- Sand, Erde und Kies
- rote Tinte
- Wasser
- Essig

Und so wird's gemacht:

Fülle ein wenig Essig mit Hilfe des Trichters in eine kleine Flasche und färbe ihn mit roter Tinte, damit deine Lava so aussieht wie bei einem echten Vulkanausbruch. Die zweite Flasche füllst du zur Hälfte mit Natronpulver und Wasser. Stelle sie dann in die Mitte der Schüssel. Für deine Lava wäre alles vorbereitet. Jetzt fehlt nur noch dein Vulkan.

1 Stunde

schwer

Wissens-Box

Vulkane entstehen durch geschmolzene Gesteinsmassen, die normalerweise tief im Inneren der Erde lagern. Diese Gesteinsmassen nennt man Magma. In der Erdkruste sammelt sich an bestimmten Stellen Magma an. Steigt es in höhere Erdschichten, kühlt es ab und es entstehen Gase, die sich unter ständig wachsendem Druck ansammeln. Findet dieser Vorgang genau an einer Stelle statt, an der die Erdkruste sehr dünn ist, kann sie durch den enormen Druck aufreißen und die Gase treten dann explosionsartig an die Erdoberfläche — der Vulkan bricht aus. Ein Vulkankrater entsteht und mit den Gasen entweichen auch große Mengen Magma, Asche und Staub, die als Lava über den Vulkanrand strömen. Die ausgeflossene Lava kühlt ab und erstarrt zu festem Gestein.

Schichte dafür den Sand, die Erde und den Kies so um die Flasche, dass ihre Öffnung frei bleibt. Rutscht der Sand zu stark, kannst du ihn mit Wasser ein wenig befestigen. Wenn du magst, kannst du den Sand auch mit etwas schwarzer Wasserfarbe färben, dann sieht er richtig gruselig aus. Deiner Fantasie sind beim Vulkanbau keine Grenzen gesetzt.

Jetzt wird es spannend, denn deinem Vulkanausbruch steht nichts mehr im Wege. Gieße vorsichtig etwas Essig in die Vulkanöffnung. Hörst du's schon brodeln? Dein Vulkan bricht aus und die rote Flüssigkeit strömt aus der Flaschenöffnung.

Warum ist das so?

Schüttest du Essig mit Natron zusammen, kommt es zu einer chemischen Reaktion. Es entsteht Kohlendioxid, das übrigens auch in Limonade enthalten ist. Ohne Kohlendioxid würde die Limonade nämlich nicht so schön blubbern. Und genau dieses Blubbern, das durch die chemische Reaktion hervorgerufen wurde, lässt deine Lava aus dem Vulkan sprudeln.

Seismograf

Kannst du Erschütterungen messen?

Du brauchst dafür:

- einen Holzspieß
- eine Schere
- einen kleinen Schuhkarton
- mindestens zwei Gummibänder
- einen flachen Stein
- einen großen Stein
- einen kleinen Bleistift
- Klebeband
- Papier

Und so wird's gemacht:

Nimm den Deckel des Schuhkartons und klebe ihn, wie auf dem Foto zu sehen, gut mit ausreichend Klebeband fest. Er darf während deiner seismografischen Messung nicht nach vorne rutschen. Mit der Schere machst du in den Deckel am vorderen Rand einen kleinen Schlitz. Das Gerüst deines Seismografen wäre damit schon mal fertig.

20 Minuten

mittel

Dein Schreiber wird mit einem Stein beschwert. Dafür umwickelst du zuerst den Stein so mit einem Gummiband, dass es nicht abrutschen kann. An diesem Gummiband befestigst du nun wie abgebildet ein weiteres Gummiband. Ziehe dann das Ende deines Gummibandes durch den Schlitz des Schuhkartondeckels und befestige es mit einem Holzspieß. Bevor du den Bleistift nun an dem Stein befestigst, spitze ihn gut an. Achtung, jetzt brauchst du Fingerspitzengefühl, denn deine Bleistiftspitze darf nur ganz leicht den Untergrund berühren. Hast du die ideale Höhe, klebst du den Bleistift mit Klebeband fest. Achte bei diesem Arbeitsschritt darauf, dass der Bleistift parallel zum Gummiband liegt und gerade nach unten zeigt. Beschwere noch den Karton mit einem großen Stein, damit er nicht nach vorne kippt.

Wissens-Box

Ein Seismograf ist ein hochempfindliches Gerät, mit dem man selbst leichte Erschütterungen der Erde erfassen und aufzeichnen kann. Aber nicht nur die Forscher können durch einen Seismografen ein Erdbeben voraussagen: Man hat beobachtet, dass auch Tiere vor einem Erdbeben seltsam reagieren: Hunde jaulen, Fische springen aus dem Wasser und Schlangen kriechen aus der Erde. Bisher hat für dieses Verhalten niemand eine Erklärung, doch die Wissenschaftler sind dem Phänomen auf der Spur.

Dein Seismograf wäre für die erste Messung bereit. Lege ein Blatt Papier, so wie auf dem Foto gezeigt, unter den Schreiber und ziehe es vorsichtig von links nach rechts unter der Bleistiftspitze durch. Die Linie, die der Schreiber auf dem Papier anzeigt, müsste relativ gerade sein, weil sie keine Erschütterung anzeigt. Wiederhole den Vorgang, indem du eine zweite Person bittest, am Tisch zu wackeln. Gleichzeitig ziehst du wieder das Blatt unter dem Schreiber durch. Was kannst du feststellen? Ist die Linie des ersten Versuchs mit der des zweiten identisch oder ist sie stärker verwackelt als die erste? Zeigt sie im Verlauf starke Schwankungen, hast du erfolgreich ein Erdbeben nachgeahmt.

Warum ist das so?

Beim ersten Versuchsdurchlauf hat niemand am Tisch gewackelt. Deine Linie zeigt einen geraden Verlauf. Rüttelst du am Tisch und täuschst deinem Seismografen ein Erdbeben vor, schlägt er in alle Richtungen aus. Ähnlich wie dein Modell funktionieren auch richtige Seismografen. Sie arbeiten nur viel genauer, und moderne Seismografen geben Bewegungen elektronisch verstärkt wieder. Forscher haben sie auf der ganzen Welt aufgestellt. Besonders in Erdbebengebieten können Seismografen helfen, größere Erdbeben vorauszusagen.

Sandschale

Was ist im Sand versteckt?

Du brauchst dafür:

- eine durchsichtige Schale
  oder ein anderes breites Gefäß
- kleine Murmeln oder Steinchen
- Vogelsand

Und so wird's gemacht:

Schütte die Murmeln oder andere Gegenstände, wie zum Beispiel kleine Steinchen, in die durchsichtige Schale. Schütte Vogelsand auf die Murmeln, so dass sie durch eine dünne Schicht bedeckt sind. Schüttle nun die Schale vorsichtig hin und her. Die größeren Teile wie Murmeln oder Steinchen gelangen nach oben. Hebe die Schale in die Höhe und schau sie dir von unten an. Du wirst sehen, dass der Boden nur noch mit Sand in Berührung kommt.

Warum ist das so?

Schon seit den 30er Jahren beschäftigt dieses Rätsel die Wissenschaftler. Wenn du eine Müslitüte schüttelst, wirst du genau den gleichen Effekt feststellen: Die großen Nüsse wandern immer nach oben, die kleineren Müsliteile wie zum Beispiel Haferflocken wandern nach unten. Aus diesem Grund nennen die Wissenschaftler dieses Phänomen „Paranuss-Effekt". Wenn du die Schale schnell hin und her schüttelst, entstehen unter den größeren Gegenständen Hohlräume. In diese Hohlräume gelangen die kleinen und viel beweglicheren Sandkörner und schieben damit den Gegenstand nach oben. Allerdings sind die Wissenschaftler mit dieser Erklärung noch nicht ganz zufrieden. Sie nehmen an, dass bei diesem Effekt noch andere Dinge, wie zum Beispiel die Größe der Gegenstände oder der Luftdruck, eine wichtige Rolle spielen.

10 Minuten

leicht

Dreckwasserfilter

Wie bekommst du Dreckwasser sauber?

Du brauchst dafür:

- Dreckwasser
- einen Blumentopf
- einen Kaffeefilter
- ein Einmachglas
- ein feinmaschiges Sieb
- Holzkohle
- Vogelsand
- Kies

Und so wird's gemacht:

Für deine Dreckwasserfilteranlage besorgst du dir erst mal aus einer großen Pfütze oder einem Teich dreckiges Wasser. Lege den Kaffeefilter in den Blumentopf. Zerbrösle die Holzkohle und streue sie in den Filter. Als zweite Lage streust du den Sand darüber und als dritte Lage den Kies. Stelle den Blumentopf in ein Einmachglas oder in einen tiefen Teller. Durch das feinmaschige Sieb lässt du das Dreckwasser in den Dreckwasserfilter laufen. Jetzt kann sich das gereinigte Wasser im Behälter sammeln.

20 Minuten

leicht

Wissens-Box

Vielleicht hast du ja auch zu Hause einen Wasserfilter stehen, um das Trinkwasser aufzubereiten. So ein gekaufter Wasserfilter funktioniert nämlich ähnlich wie dein Dreckwasserfilter. Auch er enthält Aktivkohle. Sie entfernt aus dem Wasser schlechten Geruch und Geschmack und reduziert Schadstoffe und Schwermetalle. Klar, dass das Wasser dadurch etwas besser schmeckt. Aber Achtung, auch so ein Filter muss mal gereinigt werden, denn schließlich sammeln sich ja die ganzen Schadstoffe darin und können nach einiger Zeit wieder herausgewaschen werden.

Warum ist das so?

Der gröbste Schmutz wird natürlich vom Sieb aufgefangen. Die großen Schmutzpartikel setzen sich im Kies ab und die kleineren Teile bleiben im Sand, in der Kohle und im Kaffeefilter hängen. Aber so richtig „glasklar" wie aus dem Wasserhahn sieht das Wasser nicht aus – also besser nicht trinken! Eine komplette Reinigung des Wassers schafft nur eine Kläranlage. Denn so richtig gefährlich sind nicht die groben Schmutzpartikel, sondern kleine Teilchen, die man mit dem Auge nicht sehen kann, wie zum Beispiel Schwermetalle. Diese Schmutzteile werden nicht einfach weggefiltert, sondern müssen biologisch entfernt werden. Dabei bauen bestimmte Bakterien den Dreck ab. Die Bakterien sterben dann anschließend ab und sinken zu Boden.

Rutschgefahr

Was passiert mit einem Erdhang, wenn's regnet?

Du brauchst dafür:

- eine Blechdose
- einen Handbohrer
- zwei dicke Steine
- zwei Tabletts
- genügend Erde
- Kressesamen
- ausreichend Wasser

Wartezeit:
Wachsen der Kresse
ca. drei Tage

Und so wird's gemacht:

Als Vorbereitung für das Experiment nimmst du einige Tage vorher ein Tablett mit Erde und säst darauf Kressesamen. Vergiss nicht, die Samen zu gießen. Warte mehrere Tage, bis die Kresse ungefähr zwei Zentimeter hoch ist.

Sind die Kressesamen hoch genug gewachsen, kannst du das Experiment am besten draußen weiter durchführen: Nimm die Erde, verteile sie so auf dem zweiten Tablett, dass sie eine dickere Schicht bildet, und drücke sie fest. Lege das Tablett so auf eine Erhöhung, am besten auf dicke Steine, dass eine leichte Neigung entsteht.

Darunter schiebst du ein weiteres Tablett, damit das Wasser, das du gleich für deinen Versuch über die Erde gießen wirst, aufgefangen wird. Sieht dein Versuchsaufbau wie auf dem Foto aus, hast du alles richtig gemacht. Jetzt fehlt nur noch das Wasser.

Du bohrst dafür in eine leere Dose einige Löcher oder nimmst einfach eine kleine Gießkanne zur Hand und dein künstlicher Regenguss kann über die Erde prasseln. Führe diesen Versuch anschließend auch mit deinem bepflanzten Tablett durch. Bringe das Tablett wieder in die Schräglage und lasse es erneut über deinem Tablett regnen. Hast du eine Veränderung beobachtet? Was ist anders?

30 Minuten

leicht

Wissens-Box

Ist der Boden an einem Hang nicht von Pflanzen bewachsen, haben Wind und Wasser freies Spiel. Denn Pflanzen bilden einen natürlichen Schutz für den Boden. Ist dieser Schutz nicht da, können Stürme trockene Erde tonnenweise davontragen oder kräftige Regengüsse ganze Erdhänge ins Tal spülen. Dieses natürliche Ereignis nennt man Bodenerosion. Unter normalen Bedingungen ist sie kaum wahrnehmbar. Bei einem Sturm oder extremen Regengüssen können solche Bodenerosionen jedoch schnell zu einer Katastrophe führen. Besonders gefährdet sind dabei kleine Dörfer und einzelne Häuser im Gebirge. Denn hat sich erst mal eine Schlammlawine in Bewegung gesetzt, gibt es für die Häuser keine Chance mehr.

Warum ist das so?

Mit deinem Experiment hast du einen in der Natur vorkommenden Prozess nachgeahmt: die Bodenerosion. Bei deinem ersten Versuchsdurchlauf wurde die Erde durch deinen Regen vom Tablett gespült. Im zweiten Durchlauf hat die Kresse das vollständige Herunterspülen der Erde verhindert. Die Wurzeln der kleinen Pflänzchen haben die Erde zusammengehalten und somit ein Abrutschen zum größten Teil verhindern können.

Bodenatmung

Kann der Boden atmen?

Du brauchst dafür:

- ein großes Marmeladenglas
- eine Tasse trockene Erde
- zwei Tassen Wasser
- einen Wasserkocher
- eine Lupe

Und so wird's gemacht:

Koche das Wasser im Wasserkocher ab und lass es so lange stehen, bis es ganz kalt geworden ist. In der Zwischenzeit füllst du schon einmal die trockene Erde in ein leeres Marmeladenglas.

Gieße das abgekühlte Wasser ins Glas und beobachte am besten mit einer Lupe, was sich auf der Erdschicht tut: Auf und in der Erdschicht bilden sich sofort kleinere und größere Luftbläschen.

Warum ist das so?

Die Luftbläschen beweisen es: Im Boden ist Luft. In der Luft sind bestimmte Gase enthalten, die aus dem trockenen Boden ins Wasser aufsteigen und dabei Luftbläschen bilden. Jetzt könntest du natürlich sagen: Na ja, die Luft könnte doch auch aus dem Wasser kommen. Geht aber nicht. Denn das Wasser wurde schließlich vorher abgekocht. Und beim Abkochen entweichen die Gase, die im Wasser gelöst sind, in die Luft. Die Luft, die die Bläschen verursacht, kann also nur aus dem Boden stammen.

30 Minuten

mittel

Wasserspeicher

Wie speichert der Boden Wasser?

Du brauchst dafür:

- drei kleine Blumentöpfe
- ein feinmaschiges Sieb
- drei große Gläser
- Blumenerde
- Sand
- Lehm
- Wasser

Und so wird's gemacht:

Für dieses Experiment besorgst du dir erst mal von draußen groben Sand, Blumenerde und Lehm. Fülle die Erdproben jeweils in einen Blumentopf. Der Blumentopf sollte nur zur Hälfte gefüllt sein. Stell jetzt die Blumentöpfe jeweils auf ein Glas. Zwischen dem Blumentopf mit dem Sand und dem Glas kommt noch ein feinmaschiges Sieb, damit der Sand nicht sofort aus dem Loch im Blumentopf sickert. Gieße nun in jeden Blumentopf ein halbes Glas Wasser. Wo wird wohl am wenigsten Wasser durchfließen und wo am meisten?

Warum ist das so?

Beim Lehm staut sich das Wasser und kann sehr schlecht durchsickern. Die Poren sind so eng, dass selbst das Wasser ganz schlecht durchpasst. Wenn du in diesen Boden eine Pflanze setzen würdest, hätte sie zu viel Wasser und die Wurzeln würden mit der Zeit wahrscheinlich faulen.

Am wohlsten wird sich die Pflanze in der Blumenerde fühlen. Die Blumenerde saugt sich mit Wasser voll und lässt das überschüssige Wasser durch das Loch im Blumentopf ablaufen. Die Pflanze kann so das gespeicherte Wasser am besten aus der Erde saugen.

Das meiste Wasser fließt durch den groben Sand. Denn im Sand sind genug Hohlräume, durch die das Wasser sofort abfließen kann. Im Sand hätte es eine normale Pflanze schwer zu überleben, da sie zu wenig Wasser zur Verfügung hätte. Es gibt aber Pflanzen, wie zum Beispiel Kakteen, die sich darauf spezialisiert haben, im Wüstensand zu leben.

20 Minuten

leicht

Seltsamer Garten

Welche Gegenstände verschwinden in der Erde?

Du brauchst dafür:

- eine Schaufel
- ein Gartenbeet
- eine Gießkanne
- ein Stück Apfel
- Kartoffelschalen
- eine alte Socke oder ein altes Baumwolltuch
- ein Stück Papier
- einen Plastikbecher
- Wasser

Wartezeit:
ca. ein Monat

Und so wird's gemacht:

Buddle für jeden Gegenstand ein ungefähr zehn Zentimeter tiefes Loch im Gartenbeet. Gieße so viel Wasser in jedes Loch, bis die Erde ganz feucht ist. Dadurch beschleunigst du den Verrottungsprozess. Denn in feuchtem Zustand beginnen deine Objekte besser zu faulen.

Nimm nun die Gegenstände, lege sie jeweils in eines der Löcher und bedecke sie mit ausreichend Erde. Du solltest jede Stelle mit einem Schild markieren, damit du sie wiederfindest und jeden Tag gießen kannst. Und jetzt heißt es mindestens 30 Tage warten. Gräbst du dann deine Gegenstände wieder aus, kannst du sehen, was aus ihnen geworden ist.

Warum ist das so?

Du kannst an der Kartoffelschale und dem Apfelstück deutlich sehen, dass sie zum größten Teil zerfallen sind. Auch die Socke hat angefangen sich zu zersetzen. Der Plastikbecher hat sich überhaupt nicht verändert. Das liegt daran, dass er nicht biologisch abbaubar ist. Die anderen Gegenstände hingegen können von natürlichen Organismen im Erdreich zersetzt werden. So wird aus natürlichen Stoffen, die verrotten, Kompost. Der kann wieder als Blumendünger verwendet werden.

50 Minuten

leicht

Humus

Wie kannst du Bioabfälle in Blumenerde verwandeln?

Du brauchst dafür:

- eine Holzkiste
- ungekochte Gemüse- und Obstreste
- Unkraut aus dem Garten
- eine Schaufel

Wartezeit:
ca. ein Monat

Und so wird's gemacht:

Stelle deine Kiste an einen geschützten Ort, z.B. in eine Ecke auf dem Balkon oder in den Garten. Sammle nach und nach Gemüse- oder Obstreste in deiner Kiste und mische immer ausreichend trockenes Unkraut darunter.

Zitrusfrüchte und Bananenschalen solltest du besser weglassen, da sie oft stark gespritzt sind. Schon nach einigen Tagen beginnen die unteren Schichten zu faulen. Hast du die Kiste an einen warmen und feuchten Platz gestellt, beschleunigt sich der Zersetzungsvorgang.

Nach einigen Wochen ist dein Humus fertig und du kannst ihn in Blumenkästen und Beeten verteilen. Du wirst sehen, dass deine Pflanzen viel besser wachsen.

Warum ist das so?

Kleine Mikroorganismen wie Bakterien und Pilze haben deine Obst- und Gartenreste zersetzt und Humus daraus gezaubert. Dieser Humus ist die allerbeste Nahrung für deine Pflanzen. Sie nehmen die wichtigen Wirkstoffe über die Wurzeln auf und können so besser wachsen.

50 Minuten

leicht

Regenwürmer

Was machen Würmer in der Erde?

Du brauchst dafür:

- ein großes Einmachglas
- eine kleine Schüssel Erde
- eine kleine Schüssel Sand
- eine große Schüssel
- eine Sprühflasche
- vier Regenwürmer
- Laub und kleine Äste

Und so wird's gemacht:

Befeuchte die Erde und den Sand in den beiden Schüsseln mit Wasser, denn deine Regenwürmer brauchen eine feuchte Umgebung. Gib abwechselnd Erde und Sand in dein Glas, bis es randvoll gefüllt ist. Lege nun die Würmer vorsichtig in dein Beobachtungsglas und schau, wie sie sich langsam in der Erde verkriechen.

Nimm das Laub und die kleinen Äste und bedecke damit dein Einmachglas. Damit sich deine Regenwürmer auch wohlfühlen, solltest du sie an einen dunklen und kühlen Ort stellen und regelmäßig mit der Sprühflasche befeuchten.

Beobachte über mehrere Tage deine Regenwürmer und sieh nach, was aus der Laubschicht geworden ist. Waren deine Regenwürmer fleißig? Lass sie nach einigen Tagen wieder in den Garten, denn dort fühlen sie sich am wohlsten!

50 Minuten

leicht

Wissens-Box

Regenwürmer gehören zum Stamm der Ringelwürmer. Ihr Körper ist in einzelne Abschnitte unterteilt. Bei genauerem Beobachten kannst du sehen, wie sich diese Abschnitte strecken und wieder zusammenziehen. Dafür sind Muskeln verantwortlich, die dem Regenwurm behilflich sind, sich zu bewegen. An den meisten Abschnitten kannst du feine Borsten sehen, mit denen er sich beim Kriechen in seinem Tunnellabyrinth festhalten kann. Der Schwanz des Regenwurmes ist sehr empfindlich. Berühre ihn einmal vorsichtig, schon zieht er sich zurück. Dieser Reflex ist für den Regenwurm lebensnotwendig, da er so Vögeln und anderen Feinden blitzschnell entfliehen kann.

Warum ist das so?

Regenwürmer sind wichtige und fleißige Gartenhelfer. Sie verspeisen kleine Blattstückchen sowie Äste und schaffen abgestorbene Pflanzenteile tief in die Erde, damit sie verrotten können. Wandern die Regenwürmer nach oben, transportieren sie Mineralien über ihren Kot wieder an die Oberfläche. Dabei durchmischen sie die Erde und lockern sie auf. Ihre Tunnel, die sie bei der Arbeit bilden, durchlüften den Boden, so dass das Regenwasser dadurch besser abfließen kann.

Kleintierbeobachtung

Was krabbelt in der Nacht am Boden?

Du brauchst dafür:

- zwei große Gläser
- eine kleine Schaufel
- vier kleine Steine
- Essensreste wie Käse- und Obststückchen, Kekskrümel etc.
- ein Holzbrettchen
- ein Notizbuch
- einen Stift
- eine Lupe

Wartezeit:
eine Nacht

Und so wird's gemacht:

Meistens begeben sich Kleintiere auf Nahrungssuche, wenn es dunkel ist und du wahrscheinlich schon tief und fest schläfst. Damit du sie dir aber trotzdem in aller Ruhe ansehen kannst, ohne auf deinen Schlaf zu verzichten, baust du ihnen eine kleine Falle. Sie dient nur dazu, die Tierchen für kurze Zeit aufzubewahren. Hast du sie genau beobachtet, gibst du ihnen wieder ihre Freiheit.

Für den Bau der Falle suchst du dir einen geeigneten Platz. Ein Garten oder ein großes Beet wären ideal. Buddle mit der Schaufel ein Loch in der Größe deines Glases in die Erde. Stelle das Glas in das Loch und dichte den Rand von außen gut mit Erde ab. Er sollte dabei nicht über den Erdboden hinausragen, da die Käfer sonst nicht in dein Glas gelangen können.

30 Minuten

leicht

Schneide einige Apfelstückchen zurecht und lege sie in das Glas. Damit sie schön frisch sind, bereitest du sie erst zu, wenn es dämmert. Die Apfelstückchen dienen als Köder und sollen in der Nacht deine Kleintiere anlocken. Mal sehen, welche Tierchen den Geruch des Apfels mögen.

Um zu verhindern, dass Regen in dein Glas tropft oder sich größere Tiere über deine Köder hermachen, legst du vier Steine um das Glas und das Holzbrettchen darauf. Auf diese Weise schützt du außerdem deine Kleintiere vor möglichen Feinden.

Sieh gleich am nächsten Morgen nach, ob sich Kleintiere in deinem Glas befinden. Entferne dafür das Holzbrettchen und nimm das Glas aus der Erde. Ist dein Glas schmutzig und kannst du nicht alles erkennen, gib deine Kleintiere vorsichtig in ein weiteres Glas.

Mit der Lupe kannst du dir deine Tierchen jetzt genau ansehen. Welche Farbe und Form haben sie? Wie viele Beine kannst du zählen? Haben sie Augen und Fühler? All diese Beobachtungen und auch eine kleine Zeichnung kannst du in deinem Notizbuch festhalten. Hast du genügend Informationen über deine Tierchen gesammelt, schickst du sie wieder auf Wanderschaft. Um auch andere Tiere anzulocken, probierst du verschiedene Köder aus. Wie wäre es diesmal mit einem Stückchen Käse — mal sehen, wer kommt.

Wissens-Box

Warum ist das so?

Einige Bodentiere sind sehr lichtscheu. Erst wenn es dämmert, gehen sie auf Nahrungssuche. Tagsüber verstecken sie sich an feuchten Orten, wie z.B. unter Steinen, vermodertem Holz oder in ausgebauten Regenwurmröhren. Die meisten von ihnen ernähren sich von Tier- und Pflanzenresten, Kot, Pilzen und Algen.

Erdfarben

Kannst du mit Erde malen?

Du brauchst dafür:

- verschiedene Erdproben
- ein feines Sieb
- Leinöl, z.B. aus dem Supermarkt
- einen Teelöffel
- alte Anziehsachen
  (Leinöl geht schwer aus der Kleidung)
- eine Flasche oder einen Mörser
- einen tiefen Teller
- einen Pinsel
- eine Tasse
- Haarspray
- Papier

Und so wird's gemacht:

Schau dich mal draußen in der Natur um und besorge dir unterschiedliche Erdproben. Du wirst merken, Erde sieht gar nicht immer gleich aus, sondern kann unterschiedliche Farben haben. Lass die Erde erst mal richtig gut trocknen, damit du sie später besser zu Pulver verarbeiten kannst.

Siebe die Erde auf einen tiefen Teller gut durch, damit keine Steine, größere Erdklumpen oder Pflanzenreste mehr darin sind. Wiederhole das Sieben, bis du eine richtig feine Erdschicht hast. Die kleineren Klumpen kannst du mit einem Mörser oder einer Flasche zerquetschen.

Siebe das Pulver zum Schluss noch einmal durch. Gebe sechs Esslöffel Erde und ca. drei Esslöffel Leinöl in eine Tasse und verrühre alles gut. Nun kannst du mit deiner Erdfarbe lospinseln. Besonderen Spaß macht es, wenn du ein Blatt Papier mit der Farbe grundierst und mit einem Stäbchen Muster

Wissens-Box

Schon unsere Vorfahren in der Steinzeit haben Farben hergestellt und Höhlen bemalt. Sie entdeckten zum Beispiel, dass man mit Holzkohle schwarz malen konnte, mit Kalk weiß und dass auch Erde und Ton verschiedene Farbtöne zu bieten hatten. Die Farben haben sie mit Händen, einem Tierfell oder mit einem weichgekauten Stockende aufgetragen. Aber es gab auch Spucktechniken, bei denen die Steinzeitkünstler die Farbe durch einen hohlen Knochen pusteten. Als Bindemittel benutzten die Urmenschen Vogeleier oder Fett. Noch heute sind faszinierende Bilder erhalten. In Europa findet man die meisten in Frankreich und Spanien.

in die Farbe ritzt. Du kannst auch einen Abdruck von deinem Bild nehmen, indem du ein weißes Blatt auf die Farbe drückst.

Tipp:
Damit die Erdfarbe besser auf dem Papier hält, kannst du dein Gemälde zum Schluss noch mit Haarspray fixieren.

Warum ist das so?

Um Erd- oder Naturfarben herzustellen, braucht man Farbpigmente, die z.B. in Erde, Mineralien, Kohle usw. enthalten sind. Farbpigmente sind in deiner Erde winzig kleine Partikel. Damit sie zu einer flüssigen Farbe werden und auf einem Untergrund halten können, benutzt man ein Bindemittel. Dies kann zum Beispiel Magerquark, Leinöl oder Ei sein.

Fußspuren in Gips

Kannst du Fußspuren mit nach Hause nehmen?

Du brauchst dafür:

- eine Zeitung
- einen großen Schuhkartondeckel
- etwas feuchten Sand oder Erde
- Gips aus dem Bastelladen
- eine Gummischüssel
- einen Spachtel
- eine kleine Bürste
- Wasser

Wartezeit:
Aushärten des Gipses ca. zwei Stunden

Und so wird's gemacht:

Lege deine Arbeitsfläche mit ausreichend Zeitung aus, bevor du mit deiner Arbeit beginnst. Fülle dann in den Schuhkartondeckel den Sand. Er darf nicht zu trocken sein, da er sonst nicht die Form halten kann.

Drücke nun deinen Fuß in den Sand. Sei ganz vorsichtig, vor allem wenn du deinen Fuß wieder aus dem Sand herausziehst. Dein Fußabdruck darf nicht verwischen. Sollten doch kleine Sandkrümel in den Abdruck gefallen sein, kannst du sie mit dem Finger oder einem kleinen Löffel entfernen.

Rühre nun den Gips an. Fülle dafür ein wenig Wasser in deine Gummischüssel und gib nach und nach das Gips-pulver hinzu. Das genaue Mischungsverhältnis kannst du der Anweisung auf der Verpackung entnehmen. Vermische Wasser und Gips mit dem Spachtel, bis du eine gießfähige Masse erhältst.

20 Minuten

schwer

Wissens-Box

Das Spurenlesen in der Natur ist eine alte Kunst unserer Vorfahren, die ursprünglich zum Jagen gebraucht wurde. Sie lässt sich vergleichen mit dem Lesen einer Sprache. Kennt man die Zeichen, Symbole und Regeln, kann man aus den einzelnen Abdrücken im Wald wie aus Buchstaben Wörter zusammensetzen, diese zu Sätzen verbinden und schließlich sogar eine Geschichte lesen. So können geschulte Fährtenleser und Fährtenleserinnen an der Tiefe deines Fußabdrucks im Sand oder in der Erde darauf schließen, ob du ein leichter oder schwerer Mensch bist, ob du Plattfüße hast, schnell oder langsam gegangen bist und sogar in welche Richtung du dabei geschaut hast. Schau dir doch mal fremde Fußspuren am Strand an. Vielleicht kannst du in ihnen auch eine Geschichte lesen?

Gib den Gips in die Form und streiche ihn mit dem Löffel ein wenig glatt. Nach ein bis zwei Stunden kannst du deinen Fußabdruck aus der Sandform lösen. Entferne mit der kleinen Bürste die Sandreste vom Abdruck. Vielleicht findest du ja auch im Wald interessante Fußabdrücke, die du mit nach Hause nehmen möchtest?

Bildquellen

Fotos der Bastelanleitungen:
Alexander Habermehl

Fotos von Peter Lustig:
ZDF:
Cover, Seite 64
Christiane Pausch
Fotografie, Berlin:
Coverrückseite, Seiten 2, 6, 8, 12, 18, 24, 26, 32, 38, 40, 42, 46, 48, 54, 56, 60, 62